BEI GRIN MACHT SICH I... WISSEN BEZAHLT

- Wir veröffentlichen Ihre Hausarbeit, Bachelor- und Masterarbeit

- Ihr eigenes eBook und Buch - weltweit in allen wichtigen Shops

- Verdienen Sie an jedem Verkauf

Jetzt bei www.GRIN.com hochladen und kostenlos publizieren

Bibliografische Information der Deutschen Nationalbibliothek:

Die Deutsche Bibliothek verzeichnet diese Publikation in der Deutschen National-
bibliografie; detaillierte bibliografische Daten sind im Internet über http://dnb.d-
nb.de/ abrufbar.

Impressum:

Copyright © 2017 GRIN Verlag
Druck und Bindung: Books on Demand GmbH, Norderstedt Germany
ISBN: 9783668690554

Dieses Buch bei GRIN:

https://www.grin.com/document/421707

Anonym

Die Verwendung von Big Data unter Einhaltung der EU-Datenschutz-Grundverordnung

GRIN Verlag

FOM Hochschule für Oekonomie & Management

Seminararbeit

im Modul IT-Architekturen

über das Thema

Die Verwendung von Big Data unter Einhaltung der EU-Daten-

schutz-Grundverordnung

Inhaltsverzeichnis

Abbildungsverzeichnis

1. Einleitung

1.1. Problemstellung

Seit mehreren Jahren hat der Begriff Big Data stark an Bedeutung und Aufmerksamkeit gewonnen. Bereits im Jahr 2013 belegte er den fünften Platz bei der Wahl zum Wort des Jahres durch die Gesellschaft für deutsche Sprache.[1] Auch im letzten Jahr sorgte der Begriff für Aufmerksamkeit, denn laut eines Artikels aus dem Schweizer Tagesanzeiger soll Donald Trump die US-Wahl 2016 mit Hilfe von Big Data gewonnen haben. Es wird berichtet, dass das Unternehmen Cambridge Analytica anhand von Big Data jedem potentiellen Wähler eine auf seine Persönlichkeit angepasste Wahlwerbung angezeigt haben soll.[2] Dieser Vorfall verdeutlicht, dass es inzwischen kaum möglich ist, sich dem Thema Big Data zu entziehen. Egal ob im Beruf oder im Privaten, bewusst oder unbewusst, jeder von uns ist Nutzer und Erzeuger von Big Data.[3] In den USA wird Big Data grundsätzlich vermehrt positiv wahrgenommen, währenddessen in Deutschland eher die Risiken und die Befürchtung der Überwachung im Vordergrund stehen.[4] Damit die personenbezogenen Daten der EU-Bürger, unter anderem bei der Verarbeitung von Big Data, geschützt werden, hat das Europäische Parlament und der Rat der Europäischen Union im Jahr 2016 die neue EU-Datenschutz-Grundverordnung veröffentlicht, welche im Mai 2018 in Kraft tritt.[5] Nach Schätzungen der Europäischen Kommission steigt der Wert der personenbezogenen Daten der europäischen Bürger bis zum Jahr 2020 auf 1 Billion Euro, was es unumgänglich macht, diese durch eine neue Verordnung zu schützen.[6]

1.2. Ziele und Gang der Arbeit

Die vorliegende Arbeit soll ein grundlegendes Verständnis für Big Data und die neue EU-Datenschutz-Grundverordnung schaffen. Weiterhin soll sie auch verdeutlichen, welche Voraussetzungen zur Nutzung von Big Data erfüllt sein müssen, damit die Anforderungen der EU-Datenschutz-Grundverordnung eingehalten werden. Dazu erfolgt zum Einstieg nach den einleitenden Worten, welche die Einleitung sowie Ziel und Gang der Arbeit umfassten, im zweiten Kapitel zunächst eine Definition der Begriffe Big Data und EU-Datenschutz-Grundverordnung,

---

[1] Vgl. GfdS, Wort, 2013, o.S.
[2] Vgl. Grassegger, H., Krogerus, M., Facebook, 2016, o.S; Reinbold, F., Schnack, T., Trump, 2016, o.S.
[3] Vgl. Klein, D., Tran-Gia, P., Hartmann, M., Big Data, 2013, S. 319 f.; Bachmann, R., Kemper, G., Gerzer, T., Big Data, 2014, S.21 f.
[4] Vgl. Bitkom, Praxiseinsatz, 2012, S.43.
[5] Vgl. Das europäische Parlament und der Rat der europäischen Union, DSGVO, 2016, Art. 99 Abs. 2 DSGVO; Bundesverband Digitale Wirtschaft e.V., Praxisleitfaden, 2017, S. 8. f.
[6] Vgl. Europäische Kommission, Datenschutzreform, 2015, o.S.

um dem Leser ein Grundverständnis für die Thematik zu vermitteln. Im dritten Kapitel wird anschließend eine Analyse der Anforderungen an Big Data unter Berücksichtigung der EU-Datenschutz-Grundverordnung durchgeführt. Zuerst wird dabei auf die Anforderungen an Privacy by Design und Privacy by Default eingegangen, worunter der Datenschutz durch technische Gestaltung und datenschutztechnische Voreinstellungen verstanden werden. Danach folgen die Anforderungen an die Verarbeitung von personenbezogenen Daten und abschließend werden die Themen Informationspflicht und Auskunftspflicht behandelt. Die Arbeit wird beendet mit einem Fazit, welches die Ergebnisse zusammenfasst und einen Ausblick auf weiterführende Themen nennt.

2. Begriffserläuterungen Big Data und EU-Datenschutz-Grundverordnung

2.1. Definition Big Data

Im Folgenden werden die zwei Begriffe Big Data und EU-Datenschutz-Grundverordnung genauer beschrieben, da diese einen Hauptbestandteil der Arbeit darstellen. Alle Nutzer von technischen Produkten, Services und Kommunikationsmedien erzeugen Daten, welche wiederum von Unternehmen weiterverarbeitet werden, um weitere Produkte, Services oder Innovationen zu erschaffen. Durch den Gebrauch dieser entstehen durch die Nutzer zusätzliche neue Daten. Diese großen Datenbestände bilden die Grundlage von Big Data.[7] Bitkom, der im Jahr 1999 gegründete Digitalverband Deutschlands, stellt bei der Definition von Big Data heraus, dass diese Daten in unbekanntem Ausmaß anfallen und sich schnell verändern können. Weiterhin stehen diese Mengen von Daten in unterschiedlichen Strukturen zur Verfügung und das Ziel ist es, aus diesen Informationen wirtschaftlich sinnvolle Erkenntnisse zu gewinnen.[8] In der Literatur wird das Grundgerüst von Big Data oftmals durch die drei Eigenschaften, Volume, Velocity und Variety beschrieben. Weiter ergänzt werden diese zusätzlich durch die Eigenschaft Veracity. Die erste Eigenschaft Volume steht für die große und immer weiterwachsende Datenmenge, welche für Big-Data-Analysen zur Verfügung steht. Durch diese ist es möglich, datengetriebene Hypothesen über viele Lebensbereiche hinweg zu erstellen. Die zweite Eigenschaft Velocity beschreibt die Geschwindigkeit, in der die Daten verarbeitet und analysiert werden können. Allerdings kommen ebenso schnell weitere Daten hinzu, sodass die gewonnenen Erkenntnisse schnell wieder veraltet sind. Hinter der dritten Eigenschaft Variety verbirgt sich die

---

[7] Vgl. Nieendick, M., Jansen, J., Kalinowski, T., Big Data, 2013, S. 245 f; Bachmann, R., Kemper, G., Gerzer, T., Big Data, 2014, S. 23; Freiknecht, J., Big Data, 2014, S. 10.
[8] Vgl. Bitkom, Bitkom, o.J., o. S; Bitkom, Praxiseinsatz, 2012, S. 19.

Vielfältigkeit von Daten. Die Datenmenge steht nicht strukturiert zur Verfügung und es steht eine Vielzahl von Inhalten aus unterschiedlichen Quellen und in verschiedenen Formaten, wie zum Beispiel Text-, Video- und Audiodateien bereit. Diese müssen strukturiert werden, damit eine Big-Data-Analyse durchgeführt werden kann.[9] Als vierte Eigenschaft wird Veracity aufgeführt. Diese beschreibt die Richtigkeit, Vollständigkeit und Verlässlichkeit der Datenmenge. Denn Big Data bezieht auch Daten mit ein, welche in unterschiedlichen Qualitäten vorliegen. Mit speziellen Algorithmen kann diese Datenqualität bewertet werden.[10] Durch die schnelle Verfügbarkeit und Analyse der Daten wird es möglich, Sachverhalte anders zu bewerten. Wenn bisher klassische Modelle zum Einsatz kamen, kann nun auch eine datengetriebene Hypothese erstellt werden.[11] Gerade in Fällen, bei denen keine absolute Gewissheit, sondern eine hohe Wahrscheinlichkeit ausreichend ist, bieten Big-Data-Analysen und ihre Prognosen eine hilfreiche Grundlage zur Entscheidung.[12] Somit lassen sich Big-Data-Analysen in vielen Bereichen einsetzen. Sie dienen zur Steigerung der Effizienz von Unternehmen, zur Täteranalyse im Sicherheitsbereich, zum Einsatz von gezieltem Marketing und können außerdem für individuelle politische Kampagnen bei Wahlen genutzt werden.[13]

Zusammenfassend bezeichnet Big Data also den Einsatz großer Datenmengen aus vielfältigen Quellen mit einer hohen Verarbeitungsgeschwindigkeit zur Erzeugung eines wirtschaftlichen Nutzens.

2.2. Definition der neuen EU-Datenschutz-Grundverordnung

Aufgrund der technischen Entwicklungen in den letzten 20 Jahren haben sich die Anforderungen an den Datenschutz seit der Einführung der alten Datenschutzrichtlinie 95/46/EG aus dem Jahr 1995 verändert. Deshalb haben das Europäische Parlament und der Rat der Europäischen Union im Jahr 2016 die neue EU-Datenschutz-Grundverordnung veröffentlicht, welche am 25. Mai 2018 für alle Mitgliedsstaaten der EU in Kraft tritt und die alte Datenschutzrichtlinie aufhebt.[14] Die Verordnung besteht aus elf Kapiteln, welche insgesamt 99 Artikel beinhalten. Die ersten 50 Artikel beziehen sich auf materielle Fragen zum Datenschutz und die übrigen 49

---

[9] Vgl. Bachmann, R., Kemper, G., Gerzer, T., Big Data, 2014, S.23 ff; Freiknecht, J., Big Data, 2014, S. 10 ff; Richter, P., Datenschutz-Grundverordnung, 2016, S. 581; Gadatsch, A., Landrock, H., Big Data, 2017, S. 3.
[10] Vgl. Freiknecht, J., Big Data, 2014, S. 13 f; Meier, A., Kaufmann, M., Datenbanken, 2016, S.13.
[11] Vgl. Wrobel, S., Voss, H., Köhler, J., Beyer, U., Auer, S., Big Data, 2015 S. 371.
[12] Vgl. Roßnagel, A., Geminn, C., Jandt, S., Richter, P., Datenschutz, 2016, S. 23.
[13] Vgl. Roßnagel, A., Geminn, C., Jandt, S., Richter, P., Datenschutz, 2016, S. 24.
[14] Vgl. Das europäische Parlament und der Rat der europäischen Union, DSGVO, 2016, Art. 99 DSGVO; Bundesverband Digitale Wirtschaft e.V., Praxisleitfaden, 2017, S. 8. f; Nitsch, K., Informatikrecht, 2017, S. 405 f.

Artikel auf organisatorische und formelle Themen.[15] Den elf Kapiteln vorangestellt sind 173 Erwägungsgründe, welche zum Erlass dieser Verordnung geführt haben und weitere Erklärungen bieten. Insgesamt verfolgt das Europäische Parlament und der Rat der Europäischen Union damit zwei Zielsetzungen. Zum einen sollen die aktuellen europäischen Richtlinien harmonisiert und an die technologischen Entwicklungen angepasst werden.[16] Zum anderen sollen die personenbezogenen Daten von natürlichen Personen bei der Verarbeitung geschützt und die freie Übermittlung dieser geschützten Daten sichergestellt werden.[17] Als personenbezogene Daten bezeichnet die EU-Datenschutz-Grundverordnung Informationen, welche sich einer identifizierten oder identifizierbaren Person zuordnen lassen. Zu diesen Informationen zählen unter anderem die Standortdaten, der Name, eine Online-Kennung oder Merkmale zur kulturellen oder sozialen Identität.[18] Losgelöst davon in welchem Land die Verarbeitung der personenbezogenen Daten stattfindet, greift die Verordnung, wenn die Verarbeitung aufgrund eines Verantwortlichen innerhalb der Europäischen Union erfolgt. Auch wenn die personenbezogenen Daten von Bürgern der europäischen Union sind und von einem Verantwortlichen außerhalb der Union verarbeitet werden, findet diese Verordnung Anwendung.[19] Im Vergleich zur Richtlinie von 1995, bei der die EU-Staaten die Rechtsgrundsätze unterschiedlich in ihr nationales Recht umsetzen konnten, ist die EU-Datenschutz-Grundverordnung einheitlich und für alle Staaten verbindlich.[20] Die Europäische Kommission vermutet, dass die Unternehmen durch die Einführung dieser einheitlichen Rechtsgrundlage jährlich bis zu 2,3 Mrd. € einsparen können. Diese Kosteneinsparungen ergeben sich dadurch, dass bei einer länderübergreifenden Datenverarbeitung die Gesellschaften in den jeweiligen Ländern einheitlich aufgestellt werden können und nicht an die jeweiligen nationalen Gesetze angepasst werden müssen.[21] Trotz dem Ziel der Harmonisierung bietet sie den Mitgliedstaaten dennoch weiter die Möglichkeit einige Vorschriften spezifischer zu gestalten.[22] Allerdings drohen bei einem Verstoß gegen diese

---

[15] Vgl. Roßnagel, A., Geminn, C., Jandt, S., Richter, P., Datenschutz, 2016, S. 156.

[16] Vgl. Das europäische Parlament und der Rat der europäischen Union, DSGVO, 2016, Erwägungsgrund 3 DSGVO; Das europäische Parlament und der Rat der europäischen Union, DSGVO, 2016, Erwägungsgrund 9 DSGVO; Bundesverband Digitale Wirtschaft e.V., Praxisleitfaden, 2017, S. 9.

[17] Vgl. Das europäische Parlament und der Rat der europäischen Union, DSGVO, 2016, Art. 1 Abs. 1-3 DSGVO; Das europäische Parlament und der Rat der europäischen Union, DSGVO, 2016, Erwägungsgrund 1-4 DSGVO; Bundesverband Digitale Wirtschaft e.V., Praxisleitfaden, 2017, S. 9.

[18] Vgl. Das europäische Parlament und der Rat der europäischen Union, DSGVO, 2016, Art. 4 Abs. 1 DSGVO.

[19] Vgl. Das europäische Parlament und der Rat der europäischen Union, DSGVO, 2016, Art. 3 DSGVO.

[20] Vgl. Das europäische Parlament und der Rat der europäischen Union, DSGVO, 2016, Art. 6 Abs. 2 DSGVO; Das europäische Parlament und der Rat der europäischen Union, DSGVO, 2016, Erwägungsgrund 3 DSGVO; Bundesverband Digitale Wirtschaft e.V., Praxisleitfaden, 2017, S. 9.

[21] Vgl. Europäische Kommission, Datenschutzreform, 2015, o.S.

[22] Vgl. Das europäische Parlament und der Rat der europäischen Union, DSGVO, 2016, Art. 6 Abs. 2 DSGVO; Das europäische Parlament und der Rat der europäischen Union, DSGVO, 2016, Erwägungsgrund 3 DSGVO; Bundesverband Digitale Wirtschaft e.V., Praxisleitfaden, 2017, S. 9.

Verordnung dem Verantwortlich ein Bußgeld in Höhe von bis zu 20 Mio. € oder von bis zu 4 Prozent des im vorherigen Jahr erzielten weltweiten Jahresumsatzes.[23] Deshalb sind die Verantwortlichen nach Artikel 30 der Verordnung auch verpflichtet, alle ihre Verarbeitungstätigkeiten zu dokumentieren. Diese Dokumentation muss schriftlich oder in elektronische Form erfolgen und ist der Aufsichtsbehörde bei Verlangen zur Verfügung zu stellen.[24]

Namentlich wird der Begriff Big Data in der EU-Datenschutz-Grundverordnung nicht direkt aufgeführt oder beschrieben. Die Big-Data-Analysen verstecken sich allerdings hinter dem Begriff Profiling. Dieser bezeichnet alle automatisierten Verarbeitungen von personenbezogenen Daten, die genutzt werden, um unter anderem die Arbeitsleistung, wirtschaftliche Lage, persönliche Vorlieben und Verhalten der Personen zu analysieren oder vorherzusagen.[25] Detailliertere Regularien zu Profiling werden in Artikel 22 der Verordnung aufgeführt. Dort heißt es, dass Entscheidungen, die eine rechtliche Auswirkung haben oder welche Personen ähnlich beeinträchtigen, wie zum Beispiel eine automatische Ablehnung eines Online-Kreditantrages oder Einstellungsverfahren, nicht ausschließlich auf der Grundlage einer automatisierten Verarbeitung getroffen werden dürfen.[26] Lediglich wenn eine automatisierte Entscheidung für den Abschluss oder die Erfüllung des Vertrages notwendig ist oder die betroffene Person zustimmt, darf dies automatisiert durchgeführt werden.[27] In diesen Fällen muss der Verantwortliche allerdings Maßnahmen zum Schutz der Rechte und Freiheiten der betroffen Person ergreifen, wozu mindestens das Eingreifen einer Person zählt.[28] In den folgenden Kapiteln wird auf die Anforderungen von Privacy by Design, Privacy by Default, personenbezogene Daten, Informationspflicht und Auskunftspflicht der EU-Datenschutz-Grundverordnung eingegangen, welche Vorgaben für den Umgang mit Big Data enthalten.

---

[23] Vgl. Das europäische Parlament und der Rat der europäischen Union, DSGVO, 2016, Art. 83 Abs. 5 DSGVO.
[24] Vgl. Das europäische Parlament und der Rat der europäischen Union, DSGVO, 2016, Art. 5 Abs. 2 DSGVO; Das europäische Parlament und der Rat der europäischen Union, DSGVO, 2016, Art. 30 Abs. 1-4 DSGVO; Duda, D., Dokumentationspflichten, 2017, S. 9.
[25] Vgl. Das europäische Parlament und der Rat der europäischen Union, DSGVO, 2016, Art. 4 Abs. 4 DSGVO; Richter, P., Datenschutz-Grundverordnung, 2016, S. 585.
[26] Vgl. Das europäische Parlament und der Rat der europäischen Union, DSGVO, 2016, Art. 22 Abs. 1 DSGVO; Das europäische Parlament und der Rat der europäischen Union, DSGVO, 2016, Erwägungsgrund 71 DSGVO; Richter, P., Datenschutz-Grundverordnung, 2016, S. 585.
[27] Vgl. Das europäische Parlament und der Rat der europäischen Union, DSGVO, 2016, Art. 22 Abs. 2 DSGVO.
[28] Vgl. Das europäische Parlament und der Rat der europäischen Union, DSGVO, 2016, Art. 22 Abs. 3 DSGVO; Roßnagel, A., Geminn, C., Jandt, S., Richter, P., Datenschutz, 2016, S. 168.

3. Anforderungen an Big Data unter der EU-Datenschutz-Grundverordnung

3.1. Privacy by Design und Privacy by Default

Die EU-Datenschutz-Grundverordnung führt in Artikel 25 die Aspekte Datenschutz durch Technikgestaltung und datenschutzfreundliche Voreinstellungen auf, welche in diesem Kapitel genauer beschrieben werden. In einem Factsheet aus dem Jahr 2015 weist die Europäische Kommission diesen zwei Aspekten eine zentrale Rolle für die weitere Nutzung von Big Data zu.[29]

Datenschutz durch Technikgestaltung ist gleichbedeutend mit Privacy by Design. Demnach soll bereits bei der Entwicklung von neuen Techniken zur Datenverarbeitung darauf geachtet werden, dass Maßnahmen zum Datenschutz, wie Techniken zur Pseudonymisierung und Begrenzung der Datenverarbeitung auf ein Minimum, eingehalten werden.[30] Auch die EU-Datenschutz-Grundverordnung nimmt diesen Punkt auf, damit die personenbezogenen Daten zum Zeitpunkt der Festlegung der Mittel und zur Verarbeitung durch technische und organisatorische Maßnahmen geschützt werden. Dabei führt die Verordnung explizit die Pseudonymisierung auf, um der Datenminimierung gerecht zu werden und Garantien zum Schutz der personenbezogenen Daten aufzunehmen.[31] Der Begriff Pseudonymisierung wird in der Verordnung folgendermaßen erklärt. Pseudonymisierung bedeutet, dass personenbezogene Daten ohne das Hinzuziehen von zusätzlichen Informationen nicht mehr einer bestimmten Person zugeordnet werden können. Diese zusätzlichen Daten sind dabei gesondert aufzubewahren, damit keine direkte Verbindung existiert, welche Rückschlüsse ermöglichen würde. Weiterhin müssen technische und organisatorische Maßnahmen vorliegen, welche verhindern, dass eine direkte Zuordnung möglich wäre.[32]

Die datenschutzfreundlichen Voreinstellungen werden beschrieben mit der Bezeichnung Privacy by Default. Darunter wird die Anforderung verstanden, dass gleichzeitig mit der ersten Nutzung eines IT-Systems die voreingestellten Einstellungen benutzerfreundliche Datenschutzbestimmungen erfüllen, und nicht erst dann, wenn der Nutzer diese Einstellung selbst vornimmt oder ändert. Sichergestellt werden kann dies oftmals schon bei der Entwicklung.[33] Diese Anforderungen werden auch in Artikel 25 der EU-Datenschutz-Grundverordnung

---

[29] Vgl. Europäische Kommission, Datenschutzreform, 2015, o.S.
[30] Vgl. Kipker, D., Datenschutz, 2015, S. 410; Richter, A., Fries, S., Datenschutz, 2017, S.34.
[31] Vgl. Das europäische Parlament und der Rat der europäischen Union, DSGVO, 2016, Art. 25 Abs. 1 DSGVO.
[32] Vgl. Das europäische Parlament und der Rat der europäischen Union, DSGVO, 2016, Art. 4 Abs. 5 DSGVO.
[33] Vgl. Kipker, D., Datenschutz, 2015, S. 410.

aufgeführt. Durch voreingestellte technische oder organisatorische Maßnahmen soll sicherge-stellt werden, dass von vornherein nur die notwendigen personenbezogenen Daten verarbeitet werden.[34] Erst wenn der Nutzer selbst seine Einstellungen der Privatsphäre ändert, soll der Zu-griff zu weiteren Daten gewährt werden.[35]

In den 90er Jahren entwickelte Ann Cavoukian das Konzept Privacy by Design mit den folgen-den sieben Prinzipien, in denen auch Privacy by Default enthalten ist:[36]

1. Proaktiv, nicht reaktiv; als Vorbeugung, nicht als Abhilfe.

   Das Konzept soll proaktiv sein und Datenschutzprobleme sollen antizipiert werden, bevor diese sich negativ auswirken.

2. Datenschutz als Standardeinstellung.

   Der Nutzer soll bereits den maximalen Datenschutz voreingestellt haben und lediglich das Mi-nimum an benötigten Daten wird verarbeitet.

3. Datenschutz ist in das Design eingebettet.

   Der Datenschutz soll eine Kernfunktion des IT-Systems sein, welche bereits während der Ent-wicklungsphase und nicht erst danach integriert wird.

4. Volle Funktionalität.

   Die Datenschutzmaßnahmen sollen die volle Funktionalität nicht begrenzen.

5. Durchgängige Sicherheit - Schutz über den gesamten Lebenszyklus.

   Während des kompletten Lebenszyklus soll der Datenschutz durchgängig sichergestellt wer-den. Sofern die Daten nicht mehr benötigt werden, sollen diese gelöscht werden.

6. Sichtbarkeit und Transparenz.

   Alle involvierten Prozesse sollen gleichermaßen sichtbar und transparent sein für Nutzer und Anbieter.

7. Privatsphäre der Nutzer respektieren.

   Die Interessen der Nutzer sollen an erster Stelle stehen.

Die europäische Kommission zielt auch darauf ab, die weitere Nutzung von Big-Data-Analysen durch die Verordnung zu fördern. In dem Factsheet gibt sie an, dass die Verordnung „die

---

[34] Vgl. Das europäische Parlament und der Rat der europäischen Union, DSGVO, 2016, Art. 25 Abs 2 DSGVO.
[35] Vgl. Hornung, G., Sozial Media, 2015, S. 114.
[36] Vgl. Cavoukin, A., Prinzipien, 2009, S. 2; Hagendorff, T., Informationskontrolle, 2017, S. 157.

Anonymisierung (Löschen unnötiger personenbezogener Daten), die Pseudonymisierung (Ersetzen personenbezogener Daten durch Zeichenkombinationen) und die Verschlüsselung (Codieren von Nachrichten, sodass sie nur von Berechtigten gelesen werden können)" fördert, damit diese Daten zur Verarbeitung genutzt werden können.[37]

Allerdings betrifft die EU-Datenschutz-Grundverordnung nicht die Bearbeitung von anonymen Daten. Eine eigene Definition, wann Daten als anonym einzustufen sind, gibt die Verordnung nicht an, allerdings lässt sich durch die Definition der personenbezogenen Daten darauf schließen. Dazu müssen die Mittel beachtet werden, die wahrscheinlich zur Identifizierung genutzt werden. Zur Feststellung, ob diese Mittel herangezogen werden, dienen die Kosten und der erforderliche Zeitaufwand der Identifikation sowie die verfügbare Technologie und die zukünftig absehbaren technologischen Entwicklungen.[38] Schlussendlich wird also keine nicht wiederherstellbare Anonymität gefordert, sondern ein Zustand zum Zeitpunkt der Erfassung, bei dem eine Re-Identifizierung nicht wahrscheinlich erscheint.[39] Weiterhin wird auch nicht geklärt, ob die Daten anonym sind, wenn ein Verantwortlicher diese pseudonymisiert weitergibt und die Informationen zur Wiederherstellung nicht übermittelt.[40] Jedoch stellen die in Kapitel 2.1. beschriebenen Eigenschaften von Big Data eine große Herausforderung für die Anonymisierung von personenbezogenen Daten dar, denn mit der Verknüpfung von weiteren hinzugefügten Daten steigt das Risiko einer Re-Identifizierung von einzelnen Personen. Alle bisherigen Konzepte zur Berechnung der Anonymität gehen von einer statischen Datenmenge aus und bewerten auch das Ergebnis der Anonymisierung als dauerhaft konstant, allerdings ist dies abhängig von dem technischen Fortschritt und der wachsenden Datenmenge und ihren Verknüpfungen.[41] Ninja Marnau kritisiert in diesem Zusammenhang auch, dass keine Angaben zur Qualität der Pseudonymisierung in der EU-Datenschutz-Grundverordnung gemacht werden. Dies lässt den Unternehmen den Spielraum, sich für eine Variante der Pseudonymisierung zu entscheiden, welche für die Identifizierung von Personen am einfachsten rückgängig gemacht werden kann.[42]

---

[37] Europäische Kommission, Datenschutzreform, 2015, o.S.
[38] Vgl. Das europäische Parlament und der Rat der europäischen Union, DSGVO, 2016, Art. Erwägungsgrund 26 DSGVO; Marnau, N., Pseudonymisierung, 2016, S. 430; Schwartmann, R., Weiß, S., Pseudonymisierung, 2017, S. 12 f.
[39] Vgl. Schwartmann, R., Weiß, S., Pseudonymisierung, 2017, S. 13.
[40] Vgl. Marnau, N., Pseudonymisierung, 2016, S. 430 ff; Schwartmann, R., Weiß, S., Pseudonymisierung, 2017, S. 13 f.
[41]Vgl. Marnau, N., Pseudonymisierung, 2016, S. 429.
[42] Vgl. Marnau, N., Pseudonymisierung, 2016, S. 431 ff.

3.2. Verarbeitung von personenbezogenen Daten

Unter der Verarbeitung von personenbezogenen Daten versteht die EU-Datenschutz-Grundverordnung jeden manuellen oder automatisierten Vorgang, welcher sich mit der Erhebung, Bearbeitung, Weiterleitung oder Vernichtung personenbezogener Daten befasst.[43] Auskunft über die Bedingungen für die Verarbeitung von diesen Daten gibt die Verordnung in Artikel fünf. Dort werden die folgenden sechs Grundsätze aufgeführt. Erstens dürfen die Daten nur in einer nachvollziehbaren Art und Weise verarbeitet werden.[44] Zweitens sind sie nur für einen festgelegten, legitimen Zweck zu erheben und sind nicht für einen anderen Zweck weiter zu verarbeiten, dies wird als Zweckbindung bezeichnet. Sofern es vor Beginn der Verarbeitung klar definiert wurde, können die Daten auch für mehrere Zwecke verarbeitet werden.[45] Als drittes folgt der Grundsatz zur Datenminimierung. Die Daten sollen auf ein Minimum begrenzt werden, welches für die Verarbeitung notwendig ist. Viertens müssen diese richtig sowie auf dem neusten Stand sein und falsche Daten müssen sofort gelöscht werden. Fünftens dürfen die Daten nur unter bestimmten Umständen länger gespeichert werden, als es für den Zweck, für den sie verarbeitet wurden, nötig ist und sechstens muss bei der Verarbeitung der Schutz der personenbezogenen Daten durch geeignete technische und organisatorische Maßnahmen gewährleistet werden. Zuständig für die Einhaltung der sechs Punkte ist der für die Datenverarbeitung Verantwortliche. Dieser muss die Einhaltung auch nachweisen können.[46] Weiterhin werden in Artikel sechs die Gründe aufgeführt, von denen mindestens ein Grund erfüllt sein muss, damit eine Verarbeitung der Daten rechtmäßig ist. Zu diesen Gründen gehören unter anderem, dass die Einwilligung zur Verarbeitung für einen oder mehrere Zwecke der betroffenen Personen vorliegt, dass die Verarbeitung rechtlich verpflichtend ist oder es dem Schutz von lebenswichtigen Interessen einer natürlichen Person dient.[47]

Bei der Verarbeitung von personenbezogenen Daten eines Kindes existieren weitere Anforderungen, die erfüllt sein müssen, damit eine Verarbeitung rechtmäßig ist. So muss ein Erziehungsberechtigter der Verarbeitung zustimmen, wenn das Kind das 16. Lebensjahr noch nicht vollendet hat. Die Verordnung lässt den Mitgliedsstaaten in diesem Fall die Möglichkeit, die Grenze auf Vollendung des 13. Lebensjahres zu reduzieren.[48]

---

[43] Vgl. Das europäische Parlament und der Rat der europäischen Union, DSGVO, 2016, Art. 4 Abs. 2 DSGVO.
[44] Vgl. Das europäische Parlament und der Rat der europäischen Union, DSGVO, 2016, Art. 5 Abs. 1 DSGVO.
[45] Vgl. Das europäische Parlament und der Rat der europäischen Union, DSGVO, 2016, Art. 5 Abs. 1 DSGVO; Bundesverband Digitale Wirtschaft e.V., Praxisleitfaden, 2017, S. 28.
[46] Vgl. Das europäische Parlament und der Rat der europäischen Union, DSGVO, 2016, Art. 5 Abs. 1. DSGVO.
[47] Vgl. Das europäische Parlament und der Rat der europäischen Union, DSGVO, 2016, Art. 6 Abs. 1 DSGVO.
[48] Vgl. Das europäische Parlament und der Rat der europäischen Union, DSGVO, 2016, Art. 8 Abs. 1 DSGVO.

Auch eine Verarbeitung von Daten ohne Einwilligung oder zu einem anderen Zweck, als die Daten ursprünglich erhoben wurden, ist unter bestimmten Umständen möglich. Hierbei werden unter anderem die möglichen Folgen für die betroffenen Personen genannt und, dass Garantien zum Schutz der Daten vorhanden sein müssen. Als geeignete Garantien werden die Verschlüsselung und die Pseudonymisierung genannt.[49] Diese zwei Garantien ermöglichen damit den weiteren Einsatz von Big-Data-Analysen im Falle einer nachträglichen Zweckänderung.[50]

Entsprechend wichtig wird auch in Zukunft die Wahl des datenverarbeitenden Unternehmens für die Verantwortlichen sein. Um das in Kapitel 2.2. angesprochene Bußgeld zu vermeiden muss sichergestellt sein, dass der Verarbeiter alle gesetzlichen Anforderungen einhält. Die Verarbeitung darf auch nur auf Grundlage eines Vertrages erfolgen, welcher unter anderem den Zweck und die Dauer der Datenverarbeitung, eine Verschwiegenheitspflicht und die Löschung der Daten nach Beendigung der Datenverarbeitung festlegt.[51]

3.3. Informationspflicht und Auskunftsrecht

In Artikel 13 führt die EU-Datenschutz-Grundverordnung die Informationspflicht bei der Erhebung von personenbezogenen Daten hinsichtlich der betroffenen Person auf. Der Verantwortliche ist dazu verpflichtet, der Person die Informationen unter anderem über den Verantwortlichen, den Zweck der Verarbeitung und die Rechtsgrundlage, die Dauer der Speicherung und sein Recht auf Auskunft und Löschung der Daten bereitzustellen. Sollte der Verantwortliche im Nachhinein die Daten für einen anderen Zweck verarbeiten, so ist er verpflichtet der betreffenden Person vor dem Start der Weiterverarbeitung die neuen Informationen mitzuteilen.[52] Oftmals erfolgt die erste Information über eine Datenschutzerklärung. Anschließend kann der Verbraucher selbst entscheiden, ob er der Datennutzung zustimmt oder dieser widerspricht. Allerdings ist die Verarbeitung durch Big-Data-Analysen vielfältig und komplex, damit der Verbraucher eine verständliche Information erhält, ist eine detaillierte Erklärung erforderlich.[53] Deshalb hat das Europäische Parlament einheitliche Symbole vorgeschlagen, welche symbolisieren sollen, was der Verarbeiter anschließend mit den Daten unternimmt.[54] Abbildung 1 zeigt diese sechs Symbole und nennt deren unterschiedliche Bedeutung. Das erste Symbol steht dafür, dass nur das Minimum an personenbezogenen Daten erhoben wird, welches für einen

---

[49] Vgl. Das europäische Parlament und der Rat der europäischen Union, DSGVO, 2016, Art. 6 Abs. 4 DSGVO.
[50] Vgl. Marnau, N., Pseudonymisierung, 2016, S. 432.
[51] Vgl. Das europäische Parlament und der Rat der europäischen Union, DSGVO, 2016, Art. 28 Abs. 3 DSGVO.
[52] Vgl. Das europäische Parlament und der Rat der europäischen Union, DSGVO, 2016, Art. 13 DSGVO.
[53] Vgl. Scheuing, S., Datenschutz, 2015, S. 117.
[54] Vgl. Europäisches Parlament, Symbole, 2013, S. 30 ff.

bestimmten Zweck benötigt wird. Das zweite Symbol stellt dar, dass auch nur das Minimum der benötigten personenbezogenen Daten gespeichert wird. Das dritte Symbol verdeutlicht, dass die personenbezogenen Daten nur für den Zweck verarbeitet werden, für den sie auch erhoben wurden. Das vierte Symbol sagt aus, dass die erhobenen Daten nicht an Dritte weitergegeben werden. Dass keine Daten verkauft oder verliehen werden, verdeutlicht das fünfte Symbol und das sechste Symbol beschreibt, dass keine personenbezogenen Daten in unverschlüsselter Form beibehalten werden. Sofern diese Anforderungen ordnungsgemäß erfüllt werden, kann in der hinteren Spalte ein grünes Symbol mit Haken eingesetzt werden, ansonsten muss dort ein rotes X eingesetzt werden.[55]

Abbildung 1: Symbolvorschläge des EU-Parlaments

ICON	ESSENTIAL INFORMATION	FULFILLED
	No personal data are **collected** beyond the minimum necessary for each specific purpose of the processing	
	No personal data are **retained** beyond the minimum necessary for each specific purpose of the processing	
	No personal data are **processed** for purposes other than the purposes for which they were collected	
	No personal data are **disseminated** to commercial third parties	
	No personal data are **sold or rented out**	
	No personal data are retained in **unencrypted** form	

Quelle: Europäisches Parlament, Symbole, 2013, Artikel 13a.

---

[55] Vgl. Europäisches Parlament, Symbole, 2013, S. 31.

Diese standardisierte Visualisierung der Datenschutzeinstellungen ist für den Verbraucher verständlicher und leichter nachzuvollziehen als eine Datenschutzerklärung und ermöglicht diesem einen klaren Überblick, was mit seinen Daten anschließend geschieht.[56]

Zudem besitzt jeder Verbraucher ein Auskunftsrecht. So kann jeder Verbraucher bei einem Unternehmen anfragen, welche Daten über die jeweilige Person gespeichert sind und eine kostenlose Kopie der entsprechenden personenbezogenen Daten muss ausgehändigt werden.[57] Weiterhin sind ihm auch Informationen über den Verarbeitungszweck, den Empfänger der Daten, die geplante Speicherdauer und das Recht der Berichtigung oder Löschung dieser Daten mitzuteilen.[58] Artikel 12 der Verordnung definiert sogar, dass diese Informationen in präziser und transparenter Form sowie in einer klaren und einfachen Sprache mitgeteilt werden sollen.[59] Da die Informationen innerhalb eines Monats nach Eingang des Antrages zur Verfügung gestellt werden müssen, wird dies eine Herausforderung für die Verwaltung der entsprechenden Unternehmen, diese Frist nicht zu überziehen. Lediglich bei einer großen Anzahl und komplexen Anträgen ist eine Fristverlängerung um zwei Monate möglich. Das muss der entsprechenden Person jedoch unter der Nennung der Gründe innerhalb eines Monats mitgeteilt werden.[60]

4. Fazit

Obwohl der Begriff Big Data namentlich nicht direkt in der EU-Datenschutz-Grundverordnung erwähnt wird, hat die Europäische Kommission zum einen das Ziel, Big Data mit dieser neuen Verordnung zu fördern, gleichzeitig sollen aber auch die personenbezogenen Daten der EU-Bürger geschützt werden. Die Informationen zu Big Data sowie die dazugehörigen Anforderungen verbergen sich jedoch hinter dem Begriff Profiling, unter dem die Verordnung automatisierte Verarbeitungen, wie die Big-Data-Analysen versteht. Aus diesem Grund ergeben sich auch neue Anforderungen an die Big-Data-Analysen. Eine große Aufmerksamkeit liegt dabei auf den technischen und organisatorischen Maßnahmen, die es zum einen ermöglichen sollen die Big-Data-Analysen weiter durchführen zu können. Zum anderen aber auch für einen verbesserten Schutz der personenbezogenen Daten sorgen. Ein besonderes Augenmerk gilt den anonymen Daten, für welche die EU-Datenschutz-Grundverordnung nicht gilt. Hier muss

---

[56] Vgl. Das europäische Parlament und der Rat der europäischen Union, DSGVO, 2016, Art. 12 Abs. 7 DSGVO; Raabe, O., Wagner, M., Big Data, 2016, S. 439.
[57] Vgl. Scheuing, S., Datenschutz, 2015, S. 117; Das europäische Parlament und der Rat der europäischen Union, DSGVO, 2016, Art. 15 Abs. 3 DSGVO.
[58] Vgl. Das europäische Parlament und der Rat der europäischen Union, DSGVO, 2016, Art. 15 Abs. 1 DSGVO.
[59] Vgl. Das europäische Parlament und der Rat der europäischen Union, DSGVO, 2016, Art. 12 Abs. 1 DSGVO.
[60] Vgl. Das europäische Parlament und der Rat der europäischen Union, DSGVO, 2016, Art. 12 Abs. 3 DSGVO.

allerdings in jedem Einzelfall entschieden werden, ob die Daten als anonym, gemäß der Verordnung, einzustufen sind, da ansonsten bestimmte zusätzliche Anforderungen eingehalten werden müssen. Allerdings lässt die Verordnung zwei Punkte offen. Zum einen, welche Qualität der Pseudonymisierung für einen ausreichenden Datenschutz notwendig ist und ob personenbezogene Daten, die verschlüsselt wurden, auch nach der Übermittlung an einen Verarbeiter als personengezogenen Daten gelten, obwohl dieser keinen Schlüssel zur Identifikation besitzt.[61]

Positiv ist anzumerken, dass das Europäische Parlament und der Rat der Europäischen Union die Notwendigkeit, aufgrund der technischen Weiterentwicklungen in den letzten Jahren, erkannt haben, dass eine neue Datenschutz-Verordnung benötigt wird und diese damit eine einheitliche Regelung für alle europäischen Mitgliedstaaten schafft. Dies kann, nachdem der Arbeitsaufwand zur Einführung erledigt ist, einen positive Wirkung auf die Unternehmen haben, da diese dann nur eine Regelung beachten müssen, auch wenn sie die Daten in unterschiedlichen Mitgliedstaaten verarbeiten.

Da die deutschen Bürger dem Thema nicht so positiv entgegenstehen, wie die Amerikaner, droht den Unternehmen bei rechtswidrigem Verhalten ein Imageverlust. Weiterhin stellen Big-Data-Analysen einen großen Wert für Unternehmen dar und es drohen hohe Strafen bei Missachtung der Verordnung. Deshalb kann somit festgehalten werden, dass spätestens zum 25. Mai 2018 alle Big-Data-Analysen an die Regularien und Anforderungen der EU-Datenschutz-Grundverordnung angepasst sein müssen.[62] Daraus ergibt sich für Unternehmen die Anforderung, dass für diese Themen und Anforderung ausreichend und speziell ausgebildete Personalressourcen zur Verfügung stehen sollten. Zudem ist wie beschrieben auch darauf zu achten, dass auch ein Verarbeiter ausgewählt wird, der die Regularien einhält.

Diese Seminararbeit behandelt lediglich die Anforderungen der EU-Datenschutz-Grundverordnung an Big Data. Trotz dem Harmonisierung-Ziel haben die EU-Mitgliedstaaten die Möglichkeit bestimmte Vorschriften spezifischer zu gestalten. Hier bietet sich die Perspektive für weitere Seminararbeiten, die sich mit der Umsetzung der Regularien in den jeweiligen Ländern beschäftigen. Weiterhin können die einzelnen Einsatzfelder von Big-Data-Analysen auch genauer betrachtet werden.

---

[61] Vgl. Marnau, N., Pseudonymisierung, 2016, S. 431.
[62] Vgl. Duda, D., Dokumentationspflichten, 2017, S. 8.

Literaturverzeichnis

Artikel, Monographien und Sammelwerke:

Bachmann, Ronald, Kemper, Guido, Gerzer, Thomas (Big Data, 2014): Big Data - Fluch oder Segen?, Heidelberg: Hüthig Jehle Rehm GmbH, 2014

Bundesverband Digitale Wirtschaft e.v (Praxisleitfaden, 2017): EU-Datenschutzgrundverordnung 2018, Düsseldorf: Bundesverband Digitale Wirtschaft, 2017

Das Europäische Parlament und der Rat der Europäischen Union (DSGVO, 2016): Verordnung (EU) 2016/679 des Europäischen Parlaments und des Rates vom 27. April 2016.

Duda, Daniela (Dokumentationspflichten, 2017): Dokumentationspflichten der DS-GVO als Prüfgegenstand, in: Sowa, Aleksandra (Hrsg.), IT-Prüfung,Sicherheitsaudit und Datenschutzmodell, 2017, S. 7-22

Freiknecht, Jonas (Big Data, 2014): Big Data in der Praxis, München: Carl Hanser Verlag, 2014

Gadatsch, Andreas, Landrock, Holm (Big Data, 2017): Big Data für Entscheider, Wiesbaden: Springer, 2017

Hagendorff, Thilo (Informationskontrolle, 2017): Das Ende der Informationskontrolle. Bielefeld: transcript Verlag, 2017

Hornung, Gerrit (Sozial Media, 2015): Datenschutzrechtliche Aspekte der Social Media, in: Hornung, Gerrit, Müller-Terpitz, Ralf (Hrsg.), Rechtshandbuch Social Media, 2015, S. 79-130

Hornung, Gerrit, Müller-Terpitz, Ralf (Hrsg.) (Rechtshandbuch, 2015): Rechtshandbuch Social Media, Heidelberg: Springer Verlag, 2015

Keuper, Frank, Hamidian, Kiumars, Verwaayen, Eric, Kalinowski, Torsten, Kraijo, Christian (Hrsg.) (Digitalisierung, 2013): Digitalisierung und Innovation, Wiesbaden: Springer, 2013

Kipker, Dennis-Kenji (Datenschutz, 2015). Privacy by Default und Privacy by Design, in: Datenschutz Und Datensicherheit - DuD, 39(6), S. 410–410

Klein, Dominik, Tran-Gia, Phuoc, Hartmann, Matthias (Big Data, 2013): Big Data, in: Informatik-Spektrum, 36(3), S. 319–323

Marnau, Ninja (Pseudonymisierung, 2016): Anonymisierung, Pseudonymisierung und Transparenz für Big Data, in: Datenschutz Und Datensicherheit - DuD, 40(7), S. 428–433

Meier, Andreas, Kaufmann, Michael (Datenbanken, 2016): SQL-& NoSQL-Datenbanken, 8. Aufl., Berlin: Springer, 2016

Nieendick, Michael, Jansen, Jochen, Kalinowski, Torsten (Big Data, 2013): Big Data Management auf Basis von In-Memory-Technologien, in: Keuper, Frank, Hamidian, Kiumars, Verwaayen, Eric, Kalinowski, Torsten, Kraijo, Christian (Hrsg.), Digitalisierung und Innovation, 2013, S. 242-265

Nitsch, Karl Wolfhart (Informatikrecht, 2017): Informatikrecht, 5. Aufl., Wiesbaden: Springer, 2017

Raabe, Oliver, Wagner, Manuela (Big Data, 2016): Verantwortlicher Einsatz von Big Data, in: Datenschutz Und Datensicherheit - DuD, 227(7), S. 434–439

Richter, Achim, Fries, Susanne (Datenschutz, 2017): Datenschutz in Nordrhein-Westfalen, 2. Aufl., Regensburg: Walhalla Fachverlag, 2017

Richter, Philipp (Datenschutz-Grundverordnung, 2016): Big Data, Statistik und die Datenschutz-Grundverordnung, in: Datenschutz Und Datensicherheit - DuD, 40(9), S. 581–586

Roßnagel, Alexander, Geminn, Christian, Jandt, Silke, Richter, Philipp (Datenschutz, 2016): Datenschutzrecht 2016 „Smart" genug für die Zukunft?, Kassel: Kassel University Press GmbH, 2016

Scheuing, Sachiko (Datenschutz, 2015): Offensive im Datenschutz, in: Schwarz, Thorsten (Hrsg.), Big Data im Marketing: Chancen und Möglichkeiten für eine effektive Kundenansprache, 2015, S. 115-125

Schwarz, Thorsten (Hrsg.) (Big Data, 2015): Big Data im Marketing: Chancen und Möglichkeiten für eine effektive Kundenansprache, Freiburg: Haufe-Lexware GmbH & Co. KG, 2015

Sowa, Aleksandra (Hrsg.) (IT-Prüfung, 2017): IT-Prüfung,Sicherheitsaudit und Datenschutzmodell, Wiesbaden: Springer, 2017

Wrobel, Stefan, Voss, Hans, Köhler, Joachim, Beyer, Uwe, Auer, Sören (Big Data, 2015): Big Data, Big Opportunities, in: Informatik-Spektrum, 38(5), S. 370–378

Internetquellen:

Ann Cavoukin (Prinzipien, 2009): Privacy by Design - The 7 Foundational Principles, (August 2009), https://www.ipc.on.ca/wp-content/uploads/Resources/7foundationalprinciples.pdf, (Zugriff am 13.12.2017, 10:49 MEZ)

Bitkom (Praxiseinsatz, 2012): Big Data im Praxiseinsatz – Szenarien, Beispiele, Effekte, (2012), https://www.bitkom.org/noindex/Publikationen/2012/Leitfaden/Leitfaden-Big-Data-im-Praxiseinsatz-Szenarien-Beispiele-Effekte/BITKOM-LF-big-data-2012-online1.pdf, (Zugriff am 21.12.2017,17:44 MEZ)

Bitkom (Bitkom, o.J.): Über uns, (o.J.), https://www.bitkom.org/Bitkom/Ueber-uns/, (Zugriff am 21.12.2017, 16:57 MEZ)

Europäische Kommission (Datenschutzreform, 2015): Fragen und Antworten - Datenschutzreform, (21.12.2015), http://europa.eu/rapid/press-release_MEMO-15-6385_de.htm, (Zugriff am 12.12.2017, 11:20 MEZ)

Europäisches Parlament (Symbole, 2013): Proposal for a regulation of the European Parliament and of the Council on the protection of individual with regard to the processing of personal data an on the free movement of such data, (07.10.2013), http://www.europarl.europa.eu/meetdocs/2009_2014/documents/libe/dv/comp_am_art_01-29/comp_am_art_01-29en.pdf, (Zugriff am 13.12.2017, 16:04 MEZ)

GfdS (Wort, 2013): GfdS wählt »GroKo« zum Wort des Jahres 2013, (13.12.2013), https://gfds.de/gfds-waehlt-groko-zum-wort-des-jahres-2013-2/, (Zugriff am 30.11.2017, 17:21 MEZ)

Grassegger, Hannes, Krogerus, Mikael (Facebook, 2016): Ich habe nur gezeigt, dass es die Bombe gibt, (3.12.2016), https://www.dasmagazin.ch/2016/12/03/ich-habe-nur-gezeigt-dass-es-die-bombe-gibt/, (Zugriff am 28.12.2017, 19:21 MEZ)

Reinbold, Fabian, Schnack, Thies (Trump, 2016): Ich ganz allein habe Trump ins Amt gebracht, (6.12.2017), http://www.spiegel.de/netzwelt/netzpolitik/donald-trump-und-die-daten-ingenieure-endlich-eine-erklaerung-mit-der-alles-sinn-ergibt-a-1124439.html, (Zugriff am 28.12.2017, 19:19 MEZ)

Schwartmann, Rolf, Weiß, Steffen (Pseudonymisierung, 2017): Whitepaper zur Pseudonymisierung der Fokusgruppe Datenschutz, (Juni 2017), https://www.gdd.de/downloads/whitepaper-zur-pseudonymisierung, (Zugriff am 12.12.2017, 11:59 MEZ)